NÜTZLICHES GRILL-WISSEN

	SEITE
KLEINE GRILL-KUNDE	04
HEISSE TIPPS RUND UMS GRILLEN	06
FÜR SPONTANE VEGGIE-GRILLER	08
IMPRESSUM	46
ÜBER DEN TELLERRAND	48
TOTAL SEITENZAHL	49

AUF DEM TITELBILD SEHEN SIE DAS REZEPT
RATATOUILLE-SPIESSE MIT OLIVENSAUCE
VON SEITE 26

FRISCH EINGETROFFEN

	SEITE
AUBERGINENTÄSCHCHEN	11
MANGO-HALLOUMI-SPIESSCHEN AUF RUCOLASALAT	13
GRÜNER SPARGEL MIT ZIEGENKÄSE-KRESSE-DIP	14
LORBEERKARTOFFELN MIT SCHALOTTENBUTTER	16
SESAMFLADEN VOM GRILL	18
FENCHEL MIT ORANGEN-CHILI-VINAIGRETTE	21
TOTAL REZEPTE	6

AUSSERDEM IM ANGEBOT:
VEGGIE-HOT-DOG UND JEDE MENGE TIPPS

INHALT **03**

KLASSIKER NEU AUFGELEGT

	SEITE
TOMATEN MIT SCHAFKÄSE-FÜLLUNG	23
KARTOFFELSPALTEN MIT MOJO UND MAYO	24
RATATOUILLE-SPIESSE MIT OLIVENSAUCE	26
KRÄUTER-KÄSE-PÄCKCHEN AUS DEM FEUER	29
PFIFFERLINGE MIT SCHNITTLAUCHCREME	30
MAIS MIT ZITRONENGRASBUTTER	32

TOTAL REZEPTE 6

EINFACH GUTE REZEPTE –
INKL. GELINGGARANTIE

CROSSOVER & SÜSS

	SEITE
FEIGEN MIT MANDEL-BUTTER-CREME	35
MINI-PAPRIKA MIT COUSCOUS UND JOGHURT-SAUCE	36
ZUCCHINIRÄDCHEN MIT TOFU UND SHIITAKE	38
GEWÜRZPOLENTA MIT MINZETOMATEN	41
PFIRSICH MIT HIMBEERSAUCE	42
FRÜCHTEPÄCKCHEN MIT KOKOS-MASCARPONE-SAUCE	45

TOTAL REZEPTE 6

SPEZIALITÄTEN MIT EINEM SCHUSS EXOTIK –
SCHNELL UND MÜHELOS GEMACHT

KLEINE GRILL-KUNDE

 WELCHER GRILL IST GUT?

WAS IST VON EINWEG-GRILLS ZU HALTEN?

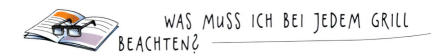 WAS MUSS ICH BEI JEDEM GRILL BEACHTEN?

WAS BRAUCHE ICH AN ZUBEHÖR?

Die Glut glimmt romantisch, der aufsteigende Rauch verleiht den Gerichten die typische Würze: Traditionelle Griller schwören deshalb auf **Holzkohle-Grills**. Die gibt es in zahlreichen Modellen und Preisklassen. Sie können überall im Freien aufgestellt werden. Nachteil: Das Vorheizen dauert bis zu 45 Minuten. Und auch dann dürfen Sie die Glut nicht vernachlässigen. Beim indirekten Grillen garen die Spezialitäten nicht über, sondern neben den glühenden Kohlen. So tropft Fett nicht in die Glut, sondern in eine Schale – besser für die Gesundheit. Ungeduldige Balkongriller bevorzugen **Gasgrills**, die mit Gas aus Flaschen oder Kartuschen betrieben werden. Große Modelle sind schwer, kleinere lassen sich gut transportieren und überall sicher aufstellen. Gasgrills sind nicht billig. Aber schon nach 10 Minuten sind sie einsatzbereit. Außerdem entsteht wenig Rauch. Weiteres Plus: Sie können die Temperatur stufenlos regulieren. Es gibt keine Asche zu entsorgen, deshalb sind sie leicht zu säubern. Praktisch und schnell sind **Elektrogrills**. Im Nu haben sie die richtige Hitze erreicht, die sich stufenlos regulieren lässt. Elektrogrills dürfen auch im Haus betrieben werden. Dank Fettauffangschale und Antihaftbeschichtung sind sie schnell wieder sauber. Ihr Nachteil: Die Strombetriebenen brauchen eine Steckdose in der Nähe. Und das echte Grillfeeling stellt sich nicht so recht ein.

Gar nichts! Denn Grillen mit Genuss ist damit nicht möglich. Die kohlegefüllten Alu-Schalen stehen auf wackeligen Beinen und riechen nach dem Anzünden stark nach Chemie. Außerdem sind sie ein Albtraum für die Umwelt.

Bevor Sie ein neues Gerät in Betrieb nehmen, lesen Sie unbedingt alle **Hinweise** des Herstellers. Stellen Sie den Grill grundsätzlich **kippsicher** und **windgeschützt** auf ebenem Boden auf. Schütten Sie niemals Benzin, Spiritus oder Flüssiganzünder in die Glut. Und lassen Sie einen heißen Grill nie alleine – vor allem nicht, wenn Kinder oder Haustiere dabei sind.

Zur Grundausstattung zählen **Grillzange** zum Wenden des Grillguts und **Schaufel** zum Verteilen der Kohle. **Grillhandschuhe** schützen vor Verbrennungen. Ein **Pinsel**, am besten mit Silikon- oder Naturhaarborsten, wird zum Einstreichen des Grillguts gebraucht. Ersatzweise Rosmarin- und Thymianzweige zusammenbinden und ins Würzöl tauchen. Für bunte **Spieße** gibt es Stäbchen aus Metall, Holz oder Bambus. Metallspieße können wiederverwendet werden. Aber sie werden extrem heiß und dürfen nie direkt mit den Fingern gepackt werden. Holz- und Bambusspieße müssen vor dem Grillen gut gewässert werden, damit sie nicht verkohlen. Dazu die Spieße in eine flache Schale legen, mit kochend heißem Wasser übergießen und 30 Min. ziehen lassen.

HEISSE TIPPS

RUND UMS GRILLEN

Ist das Wetter gut? Na prima! Wenn Sie nun noch ein paar Kleinigkeiten beachten, ist entspanntes Grillvergnügen garantiert.

1 FEUER MACHEN Planen Sie genügend Zeit zum Anheizen ein. Bei Holzkohle (am besten aus Buchenholz) dauert es mindestens 20 Min., bis Sie die ersten Stücke auflegen können. Grillbriketts brauchen sogar 30 Min. und länger. Dafür brennen sie ausdauernder und gleichmäßiger. Keine Tricks beim Anfeuern! Benutzen Sie ausschließlich spezielle Grillanzünder, niemals Benzin oder Spiritus! Bei diesen Flüssigkeiten können schon die Dämpfe mit einem Funken entzündet werden. Erst wenn die Holzkohle richtig glüht und die Glut gleichmäßig mit weißer Asche überzogen ist, kann's losgehen.

2 SANFTE HITZE Gemüse, Käse, Obst oder Tofu reagieren sensibler auf Hitze als Fleisch. Platzieren Sie vegetarische Spezialitäten deshalb lieber am Grillrand oder setzen Sie den Grillrost etwas höher. Faustregel: Für mittlere Hitze sollten 10–12 cm Abstand zwischen Rost und Glut sein.

3 GRILLZEITEN können variieren. Je mehr auf dem Grillrost liegt, desto länger kann das Grillen dauern. Und jede Glut liefert eine andere Hitze. Auch das Wetter spielt eine Rolle: Bei Hitze kann sich die Grillzeit verkürzen, bei kühlen Temperaturen verlängern.

4 BITTE ABTROCKNEN! Gemüse nach dem Waschen immer auch gut trocken tupfen. Sonst lässt es sich nicht gut mit Öl einpinseln.

5 DAS RICHTIGE ÖL Zum Bepinseln verwenden Sie am besten Pflanzenöl, das bis auf 200° erhitzt werden darf, z. B. Soja- und Erdnussöl. Hohe Temperaturen vertragen auch einfaches Oliven-, Sonnenblumen- oder Maiskeimöl. Empfindlich auf Hitze reagieren Öle mit einem hohen Anteil an ungesättigten Fettsäuren und hochwertige kaltgepresste Öle.

6 AROMAPLUS Kurz bevor Sie Obst, Gemüsespieße oder Grillkäse auf den Rost legen, holzige Kräuter wie Rosmarin, Thymian oder Lavendel, Fenchelsamen oder eingeweichte Nussschalen unter die Grillglut mischen.

7 SAUBER! Den Grillrost zum Reinigen vollständig abkühlen lassen. Eingebrannter Schmutz lässt sich jetzt ganz einfach mit zerknüllter Alufolie wegschrappen. Wer will, übergießt den Grillrost dann noch mit kochendheißem Spülwasser. Mit einem Lappen nachwischen – fertig!

FÜR SPONTANE VEGGIE-GRILLER

Keine Zeit für Vorbereitungen? Auch Veggie-Spezialitäten bekommt man im Supermarkt oder beim Bäcker, und sie liegen im Handumdrehen auf dem Rost.

CROSTINI passen immer. Dazu Baguette, Ciabatta und Co. in dicke Scheiben schneiden und 2–3 Min. auf jeder Seite auf dem heißen Grillrost bei mittlerer Hitze rösten. Kräftigeres Sauerteigbrot oder dunkles Bauernbrot in dünnen Scheiben auf den Grill legen. Ob hell oder dunkel: Vorsicht ist geboten, denn Brot verbrennt leicht! Die knusprigen Scheiben schmecken gut mit Tomate und Basilikum, fertig gekaufter Würzbutter, Kräuteröl oder schnellem Grillgemüse (s. rechts).

SOJA- UND SEITANWÜRSTCHEN, fertig gewürzte Tofu-Steaks oder andere Sojaprodukte liegen vor allem in Bioläden in großer Auswahl im Kühlregal. Auch fester Tofu lässt sich ohne große Vorbereitung grillen, sollte aber vorher kurz mariniert werden. Dafür Tofu in Scheiben schneiden, mit Teriyaki-Sauce beträufeln und mindestens so lange ziehen lassen, bis der Grill erhitzt ist. Dann abtupfen, mit Öl bestreichen und vorsichtig in einer Grillschale bei mittlerer Hitze 5–8 Min. grillen, dabei einmal wenden.

SCHNELLES GEMÜSE Je 1 Aubergine, Paprikaschote, Zucchino und 1 Bund Frühlingszwiebeln waschen, putzen und trocken tupfen. Auberginen in 1 cm dicke Scheiben schneiden, Paprikaschoten vierteln, Zucchino längs halbieren und, falls nötig, vierteln. Frühlingszwiebeln ganz lassen. In einer großen Schüssel 2 EL Zitronensaft mit Salz und Pfeffer verrühren. 5 EL Olivenöl unterschlagen, sodass eine cremige Sauce entsteht. 1 kleine Knoblauchzehe schälen und dazupressen. Gemüsestücke in der Schüssel mit dem Würzöl verrühren. Gemüse nebeneinander in eine Grillschale legen und auf dem heißen Grillrost 8–12 Min. bei mittlerer Hitze grillen, dabei einmal wenden. Nach Belieben das gegrillte Gemüse mit frisch gehobeltem Parmesan bestreuen und sofort genießen. Oder etwas abkühlen lassen – die gegrillten Gemüsestückchen schmecken auch lauwarm sehr gut.

GRILLKÄSE in fingerdick geschnittenen Scheiben gibt's abgepackt in fast jedem Supermarkt. Einfach auspacken und nach Angabe grillen – einfacher geht's nicht! Beliebt ist Halloumi-Käse, ein halbfester Schnittkäse aus Zypern, der aus Kuh-, Ziegen- und Schafmilch gewonnen wird. Den besten bekommen Sie beim »Griechen«. Die meisten Grillkäse haben wenig Eigengeschmack und eine eher trockene Konsistenz. Grillgemüse peppt sie auf.

BLITZDESSERT Nicht zu reife Bananen (ohne schwarze Pünktchen) mit Schale auf dem heißen Grillrost grillen, bis die Schale fast schwarz ist. Banane auf einen Teller legen, Schale eventuell rechts und links einschneiden, dann wie eine Sardinendose »aufreißen«. Fruchtfleisch mit Zimt und Zucker bestreuen oder mit Honig beträufeln und direkt aus der Schale löffeln.

FRISCH
EINGETROFFEN

schnell und vegan

AUBERGINEN-
TÄSCHCHEN

1/2 kleines Bund Basilikum ++ 6–8 getrocknete, in Öl eingelegte Tomaten ++ 1–2 EL Olivenöl oder Tomatenöl (+ Öl zum Bepinseln) ++ 1 TL Kapern ++ Salz ++ Pfeffer ++ 1 kleine Aubergine

Für 2 Personen | Zubereitung **15 Min.** | Grillzeit **10–12 Min.**
Pro Person ca. **160 kcal, 4 EW, 11 F, 12 KH**

1 Basilikum waschen und trocken schütteln. Die Blättchen abzupfen. Die eingelegten Tomaten abtropfen lassen und mit 5–6 Basilikumblättchen, 1 EL Öl und den Kapern in einen hohen Becher geben. Alles mit dem Pürierstab pürieren, falls nötig, noch etwas Öl untermixen. Paste mit Salz und Pfeffer abschmecken.

2 Die Aubergine waschen, trocken tupfen, putzen und quer in mindestens 1 cm breite, runde Scheiben schneiden. Scheiben auf eine Arbeitsfläche legen. In jede Scheibe mit einem langen, spitzen Messer vorsichtig vom Rand aus eine Tasche schneiden. Die Taschenöffnung sollte nicht allzu groß (2–3 cm) sein. Die Tomatenpaste mit einem Teelöffel in die Öffnung füllen.

3 Die Auberginentäschchen mit Öl bepinseln, leicht salzen und pfeffern und bei mittlerer Hitze auf dem heißen Grillrost von jeder Seite 5–6 Min. grillen. Auberginentäschchen mit restlichen Basilikumblättchen bestreut servieren.

MANGO-HALLOUMI-
SPIESSCHEN AUF RUCOLASALAT

kräuter-frisch

1 EL Aceto balsamico
1/2 TL Honig
2 EL Olivenöl (+ Öl zum Bepinseln)
Salz
1 dickes Bund Rucola
1 kleine Mango
100 g Halloumi-Grillkäse
grob gemahlener Pfeffer
4 Spieße

Für 4 kleine Spieße | Zubereitung **15 Min.** | Marinierzeit **30 Min.** | Grillzeit **10–12 Min.**
Pro Spieß ca. **190 kcal, 4 EW, 14 F, 9 KH**

---

1 Für das Dressing Aceto balsamico mit Honig cremig verrühren, Olivenöl unterschlagen. Das Dressing mit Salz abschmecken.

2 Von den Rucolablättern die langen, dünnen Stiele abknipsen. Rucolablätter waschen und trocken schütteln. Rucola auf einer Platte oder zwei Tellern auslegen.

3 Holzspieße wässern. Mango schälen. Fruchtfleisch vom Stein schneiden und würfeln. Käse in ebenso große Würfel schneiden. Mango- und Käsewürfel abwechselnd aufspießen und mit Öl bepinseln. Mango- und Halloumiwürfel am Spieß bei mittlerer Hitze auf dem heißen Grillrost insgesamt 10–12 Min. grillen, dabei mehrmals wenden.

4 Rucola mit 1–2 EL Dressing beträufeln. Grillspieße darauf anrichten, mit übrigem Dressing beträufeln und mit grob gemahlenem Pfeffer bestreuen.

GRÜNER SPARGEL
MIT ZIEGENKÄSE-KRESSE-DIP

am besten im Frühsommer

250 g grüner Spargel (möglichst dickere Stangen)
100 g Ziegenfrischkäse
1 EL Joghurt | 1/2 Beet Kresse
1/2 TL abgeriebene Schale von 1 Bio-Zitrone
Salz | Pfeffer
Öl zum Bepinseln

Für 2 Personen | Zubereitung **20 Min.** | Grillzeit **10–12 Min.**
Pro Person ca. **210 kcal, 13 EW, 16 F, 3 KH**

---

1 Die Spargelstangen waschen, trocken tupfen und im unteren Drittel schälen. Holzige Enden großzügig wegschneiden.

2 Für den Dip Ziegenkäse mit Joghurt glatt rühren. Kresse mit einer Schere abschneiden und mit der Zitronenschale unterrühren. Dip mit Salz und Pfeffer würzen und abschmecken.

3 Die Spargelstangen mit Öl bepinseln, bei mittlerer Hitze je nach Dicke der Stangen auf dem heißen Grillrost 10–12 Min. grillen und mit dem Dip servieren.

MEIN SERVIER-TIPP

Lust auf **Veggie-Hot-Dog**? Für 2 Stück 2 Schrippen oder andere längliche Brötchen längs auf-, aber nicht ganz durchschneiden. 1 Tomate ohne den Stielansatz in winzige Würfel schneiden, kräftig salzen und pfeffern. Schrippe mit den Schnittflächen auf den heißen Grillrost legen und kurz rösten. Dann jede Schrippe auf beiden Innenflächen mit Käsecreme bestreichen, je 3–4 Spargelstangen darauflegen und mit den Tomatenwürfelchen und ein paar Kresseblättchen bestreuen. Lecker!

KANN ICH AUCH WEISSEN SPARGEL GRILLEN?

Sehr gut! Die Stangen gründlich schälen. Holzige Enden großzügig wegschneiden. Spargelstangen mit Öl bepinseln und bei kleiner bis mittlerer Hitze auf dem heißen Grillrost 8–10 Min. grillen.

LORBEERKARTOFFELN
MIT SCHALOTTENBUTTER

50 g weiche Butter ++ 1 Schalotte ++ Salz ++ Pfeffer ++ 1 Spritzer Portwein oder Cognac nach Belieben ++ 8 kleine, neue Kartoffeln ++ 8 kleine Lorbeerblätter

Für 2 Personen | Zubereitung **15 Min.** | Grillzeit **25–30 Min.**
Pro Person ca. **325 kcal, 4 EW, 21 F, 30 KH**

1 Für die Schalottenbutter Butter in eine Schüssel geben. Die Schalotte schälen und auf einer groben Reibe dazuraspeln. 1 TL Salz und Pfeffer darüberstreuen. Portwein oder Cognac dazugeben. Alles mit dem Handrührgerät glatt rühren. Butter in ein kleines Glas oder Tonschälchen streichen und bis zur Verwendung gut durchkühlen.

2 8 kleine Stücke Alufolie bereitlegen. Die Kartoffeln waschen, gründlich abbürsten, trocken tupfen und längs einritzen. In den Schlitz jeweils 1 Lorbeerblatt stecken oder darauflegen. Kartoffeln in Alufolie einwickeln und bei mittlerer Hitze auf dem heißen Grillrost in 25–30 Min. weich grillen. Zum Servieren Kartoffeln auswickeln und aufbrechen. Das Lorbeerblatt entfernen. Je 1 Klecks Schalottenbutter dazu servieren.

SESAMFLADEN
VOM GRILL

gleich genießen!

250 g Mehl (+ Mehl für die Arbeitsfläche)
Salz
15 g Hefe (ca. 1/3 Würfel)
1 Prise Zucker
ca. 3 EL Olivenöl
1 EL Sesamsamen
1 TL Schwarzkümmelsamen

Für 4 kleine Fladen | Zubereitung **20 Min.** | Ruhezeit **40 Min.** | Grillzeit **16–20 Min.**
Pro Fladen ca. **605 kcal, 16 EW, 19 F, 92 KH**

---

1 Das Mehl in eine Schüssel sieben. 1/2 TL Salz darüberstreuen. Hefe zerkrümeln und mit dem Zucker in 150 ml lauwarmem Wasser auflösen. Hefewasser und 1 EL Öl nach und nach zum Mehl geben und dabei mit den Knethaken des Handrührgeräts verkneten. Dann die Masse auf eine mit Mehl bestreute Arbeitsfläche geben und mit den Händen in 4–5 Min. zu einem glatten Teig verkneten. Falls nötig, noch etwas Mehl oder 1 Spritzer Wasser unterkneten. Hefeteig zu einer Kugel formen und in einer Schüssel gehen lassen, bis sich sein Volumen verdoppelt hat — mindestens 40 Min.

2 Aufgegangenen Teig in vier Portionen teilen. Jede Portion auf einer mit Mehl bestreuten Arbeitsfläche zu einer Kugel formen, diese zu einem fingerdicken Fladen ausziehen. Der Fladen muss nicht exakt rund sein. Fladen rundherum mit Öl bepinseln und beträufeln. Die Oberfläche mit Sesam und Schwarzkümmel bestreuen. Körnchen mit der Handfläche leicht aufdrücken.

3 Alufolie mit einer Gabel löchern und auf den Grillrost legen. Fladen mit der bestreuten Seite nach oben darauflegen und bei kleiner bis mittlerer Hitze auf dem heißen Grillrost 8–10 Min. grillen, dann einmal vorsichtig mit einer Grillschaufel oder Palette wenden und weitere 8–10 Min. grillen.

ICH MAG SESAM NICHT SO GERN.

Kein Problem! Die Fladen lassen sich auch mediterran würzen, z. B. einfach mit 1 EL getrocknetem Oregano und 1 EL grobem Meersalz bestreuen.

FENCHEL
MIT ORANGEN-CHILI-VINAIGRETTE

fein-würzige Kombi

1 größere Fenchelknolle | Salz
1 kleine Orange
1 kleine, getrocknete Chilischote
1 EL Balsamico bianco
4 EL Olivenöl (+ Öl zum Bepinseln)
Pfeffer

Für 2 Personen | Zubereitung **20 Min.** | Grillzeit **10–12 Min.**
Pro Person ca. **230 kcal, 3 EW, 20 F, 8 KH**

1 Fenchel putzen. Schönes Fenchelgrün abzupfen, waschen, etwas kleiner zupfen und beiseitelegen. Reichlich Salzwasser aufkochen. Fenchel im kochenden Salzwasser 2–3 Min. blanchieren, herausnehmen und eiskalt abschrecken. Fenchelknollen je nach Größe längs vierteln oder achteln. Nach Belieben den Strunk herausschneiden.

2 Die Orange oben und unten flach abschneiden und auf ein Brettchen stellen, die Schale großzügig von oben nach unten abschneiden. Dann die Orangenfilets aus den Trennhäutchen schneiden, dabei den Saft auffangen. Die Orangenfilets würfeln. Die Chilischote nach Belieben entkernen und fein zerbröseln.

3 Orangensaft, Balsamico bianco und Olivenöl mit der zerbröselten Chilischote verquirlen und kräftig mit Salz und Pfeffer würzen. Orangenwürfelchen und Fenchelgrün unterrühren.

4 Fenchelachtel mit Öl bepinseln und bei mittlerer Hitze auf dem heißen Grillrost in 10–12 Min. bei mittlerer bis starker Hitze grillen, dabei einmal wenden. Fenchelscheiben mit der Vinaigrette beträufeln und servieren.

KLASSIKER
NEU AUFGELEGT

KLASSIKER NEU AUFGELEGT 23

TOMATEN
MIT SCHAFKÄSE-FÜLLUNG

einfach gut

4 große Tomaten (z. B. rote und grüne Coeur de bœuf) ++ 100 g Schafkäse ++ 1/2 Bund Rucola oder je 3 Stängel Basilikum und Petersilie ++ 1 Knoblauchzehe ++ 1 EL grüne Oliven ohne Stein ++ 1 EL Olivenöl (+ Öl zum Bepinseln) ++ Salz ++ Pfeffer

Für 2 Personen | Zubereitung **15 Min.** | Grillzeit **10 Min.**
Pro Person ca. **185 kcal, 10 EW, 15 F, 3 KH**

1 Tomaten waschen und trocken tupfen. Von den Tomaten oben einen Deckel abschneiden. Tomaten mit einem Löffel aushöhlen. Inneres in feine Würfel schneiden.

2 Schafkäse in einer Schüssel zerkrümeln. Kräuter waschen und trocken schütteln. Blättchen klein schneiden und zum Schafkäse geben. Knoblauch schälen und dazupressen. Oliven klein hacken und dazugeben. Alles mit dem Tomatenfleisch und 1 EL Olivenöl vermischen und mit Salz und Pfeffer leicht würzen. Mischung mit einem Teelöffel in die Tomaten füllen.

3 Gefüllte Tomaten rundum mit Öl bepinseln. Bei kleiner bis mittlerer Hitze auf dem heißen Grillrost ca. 10 Min. grillen, dabei den Deckel extra grillen. Gegrillte Tomaten vom Grill nehmen. Deckel draufsetzen und die Tomaten servieren.

KARTOFFELSPALTEN
MIT MOJO UND MAYO

Pommes grün weiß

4 größere, festkochende Kartoffeln
ca. 150 ml zimmerwarmes Olivenöl | Salz
Paprika- und Kreuzkümmelpulver
je 1/2 Bund Koriander und Petersilie
1 Knoblauchzehe
1 TL Weißweinessig

1/2 milde grüne Chilischote
Pfeffer
1 ganz frisches, zimmerwarmes Eigelb
1 TL Limettensaft
1/2 TL Schale von 1 Bio-Limette
1 EL Joghurt

Für 2 Personen | Zubereitung **30 Min.** | Grillzeit **30–35 Min.**
Pro Person ca. **1245 kcal, 12 EW, 108 F, 56 KH**

1 Kartoffeln waschen, gründlich abbürsten, trocken tupfen und in Spalten schneiden. 2 EL Olivenöl mit 1 TL Salz sowie je 1 Prise Paprika und Kreuzkümmel verrühren. Kartoffeln mit dem Würzöl mischen.

2 Für die Mojo Koriander und Petersilie waschen und trocken schütteln. Blättchen abzupfen und in einen hohen Becher geben. Knoblauch schälen, grob zerkleinern und dazugeben. 50 ml Olivenöl und Essig dazugießen und alles mit dem Pürierstab pürieren. Chilischote waschen, putzen, entkernen und sehr fein hacken. Unter die Mojo rühren. Mojo mit Salz, Pfeffer und 1 Prise Kreuzkümmelpulver abschmecken und bis zum Servieren kühl stellen.

3 Für die Mayo das Eigelb mit 1/2 TL Salz mit dem Handrührgerät verrühren. 80 ml Olivenöl zunächst teelöffelweise unterrühren, dann in einem sehr dünnen Strahl. Dabei ständig rühren, bis eine cremige Mayonnaise entsteht. Mayo mit Limettensaft und -schale würzen. Joghurt unterrühren. Mayo mit Salz und Pfeffer abschmecken und bis zum Servieren kühl stellen.

4 Kartoffelspalten bei mittlerer Hitze auf dem heißen Grillrost in 30–35 Min. goldbraun grillen, dabei einmal wenden und mit dem restlichen Würzöl bepinseln. Mit Mojo und Mayo servieren.

RATATOUILLE-SPIESSE
MIT OLIVENSAUCE

Sommer auf dem Grill

Für die Sauce:
1 Knoblauchzehe | 1 rote Chilischote
1 EL schwarze Oliven ohne Stein
4–5 reife Eiertomaten
1 EL Olivenöl | 1 Schuss Traubensaft
Salz | Pfeffer | Zucker

Für die Spieße:
1 Bund dicke Frühlingszwiebeln
1 kleine Aubergine | 1 Zucchino
1 gelbe Paprikaschote | 1 rote Paprikaschote
1 TL gehackte Rosmarinnadeln (s. Tipp)
4–6 EL Olivenöl | Salz | Pfeffer | 4–6 Spieße (s. Tipp)

Für 4–6 Spieße | Zubereitung **35 Min.** | Grillzeit **8–10 Min.**
Bei 6 Personen pro Portion ca. **110 kcal, 2 EW, 9 F, 6 KH**

1 Für die Sauce Knoblauch schälen und hacken. Chili waschen, entkernen und hacken. Oliven klein schneiden. Tomaten überbrühen, häuten und ohne die Stielansätze würfeln.

2 Knoblauch und Chili im Öl 2–3 Min. andünsten. Mit Traubensaft ablöschen. Tomaten dazugeben. Alles bei schwacher Hitze in 10–15 Min. offen sämig einkochen lassen, mit dem Pürierstab pürieren. Oliven unterrühren. Sauce mit Salz, Pfeffer und Zucker abschmecken. Abkühlen lassen.

3 Für die Spieße Frühlingszwiebeln putzen, Aubergine, Zucchino und Paprikaschoten putzen, waschen und trocken tupfen. Alles in gleich große Stücke schneiden.

4 Rosmarin in einer großen Schüssel mit Olivenöl, 1 TL Salz und etwas Pfeffer mischen. Gemüse und Frühlingszwiebeln in der Schüssel mit dem Öl mischen und nach Belieben etwas marinieren.

5 Holzspieße wässern. Dann die Gemüsestückchen und Frühlingszwiebeln abwechselnd aufspießen. Gemüsespieße bei mittlerer Hitze auf dem heißen Grillrost insgesamt 8–10 Min. grillen, dabei mehrmals wenden. Spieße mit Oliven-Tomaten-Sauce servieren.

MEIN SERVIER-TIPP

Die Gemüsestückchen auf Rosmarinzweige stecken – sieht schön aus und gibt einen Extra-Aroma-Kick. Dafür von 4–6 Rosmarinzweigen zwei Drittel der Nadeln abstreifen. Die Zweige wässern, dann das Gemüse aufstecken. Falls nötig, mit einem Metallspieß ins Gemüse ein Loch vorbohren. Die Nadeln hacken und für die Marinade verwenden.

KRÄUTER-KÄSE-PÄCKCHEN
AUS DEM FEUER

schnell gepackt

1 kleine Stange Lauch
100 g fester Ziegenkäse (z. B. Ziegenrolle)
1 Tomate
Salz | Pfeffer
2 junge Knoblauchzehen
1/2 Bund mediterrane Kräuter (z. B. Oregano, Thymian, Rosmarin, Lavendel)
1 EL Olivenöl

Für 2 große Päckchen | Zubereitung **15 Min.** | Grillzeit **12 Min.**
Pro Päckchen ca. **195 kcal, 12 EW, 15 F, 4 KH**

---

1 Lauch putzen, waschen und in feine Ringe schneiden. 2 große Stücke Alufolie auf eine Arbeitsplatte legen. Die Lauchringe jeweils in die Mitte der Folien häufeln.

2 Ziegenkäse in zwei Portionen teilen, jede würfeln und über die Lauchringe geben. Die Tomate waschen und in sehr feine Würfelchen schneiden, dabei den Stielansatz entfernen. Über die Päckchen streuen. Alles salzen und pfeffern.

3 Knoblauch schälen, in hauchfeine Scheiben schneiden und über die Tomatenwürfelchen verteilen. Kräuter waschen und trocken schütteln. Blättchen bzw. Nadeln abzupfen, grob hacken und zum Schluss über die Lauch-Käse-Mischung streuen. Alles mit Olivenöl beträufeln. Alufolie dann zu Päckchen verschließen.

4 Käse-Kräuter-Päckchen bei mittlerer Hitze auf dem heißen Grillrost ca. 12 Min. grillen. Päckchen öffnen und die Füllung gleich aus der Folie essen.

PFIFFERLINGE
MIT SCHNITTLAUCHCREME

Herbst-Schmankerl

Für die Pfifferlinge:
150 g frische, große Pfifferlinge
Mehl zum Bestäuben
4–6 EL Öl
1/2 TL getrockneter Thymian
Salz | Pfeffer
4 Spieße
Grillschale

Für die Schnittlauchcreme:
1 kleines Bund Schnittlauch
150 g Crème fraîche
1 TL Zitronensaft
Salz
Pfeffer

Für 4 Spieße | Zubereitung **25 Min.** | Grillzeit **10–15 Min.**
Pro Person ca. **245 kcal, 2 EW, 25 F, 2 KH**

1 Holzspieße wässern. Die Pfifferlinge putzen, Stiele kürzen. Pilze mit Mehl bestäuben (bindet Schmutz), kurz in stehendem Wasser waschen, dann in einem Sieb abbrausen. Mit Küchenkrepp sehr gut trocken tupfen.

2 Öl in einer flachen Schale mit Thymian, Salz und Pfeffer verrühren. Pfifferlinge auf die Spieße stecken und im Öl wenden. Die Pilze sollen gut mit Öl überzogen sein.

3 Für die Schnittlauchcreme den Schnittlauch waschen, trocken schütteln und in kleine Röllchen schneiden. Crème fraîche mit dem Zitronensaft glatt rühren, mit Salz und Pfeffer abschmecken. Schnittlauch unterrühren.

4 Pilzspieße falls nötig abtropfen lassen. Bei mittlerer Hitze auf einer Grillschale auf dem heißen Grillrost je nach Größe 10–15 Min. grillen, dabei einmal wenden.

ICH ESSE KEINE MILCHPRODUKTE. GIBT ES ALTERNATIVEN?

Die Crème fraîche kann gut durch weiße Sojacreme (heißt auch Sojasahne oder Soja cuisine) ersetzt werden.

MAIS

MIT ZITRONENGRASBUTTER

West meets East

2 Maiskolben mit Blättern
50 g weiche Butter
1 Stängel Zitronengras
1 Knoblauchzehe
1 kleines Stück rote Chilischote
3 Stängel Thai-Basilikum
Salz | Pfeffer

Für 2 Personen | Zubereitung **15 Min. + Einweichzeit** | Grillzeit **30–40 Min.**
Pro Person ca. **260 kcal, 3 EW, 21 F, 18 KH**

1 Blätter von den Maiskolben vorsichtig zurückstreifen, aber nicht ablösen. Fäden entfernen. Maiskolben 30 Min. in eine Schale mit Wasser legen.

2 Inzwischen die Butter in eine Schüssel geben. Das Zitronengras putzen. Die äußeren Blätter entfernen. Den unteren weichen Teil sehr fein hacken und zur Butter geben. Knoblauch schälen und dazupressen. Chilistück waschen, entkernen, fein schneiden und zur Butter geben. Basilikum waschen, die Blätter klein schneiden und mit 1/2 TL Salz und 1 guten Prise Pfeffer dazugeben. Alles mit dem Handrührgerät glatt rühren oder mit einer Gabel verkneten.

3 Maiskolben aus dem Wasser nehmen. Die Körner dick mit der Butter bestreichen und wieder sehr gut mit den Blättern bedecken. Blätter oben mit Küchengarn zusammenbinden. Wenn es »Lücken« gibt, Maiskolben besser zusätzlich in Alufolie wickeln. Maiskolben bei mittlerer Hitze auf dem heißen Grillrost je nach Größe 30–40 Min. grillen, dabei mehrmals wenden. Zum Servieren Maiskolben auf Teller legen, das Küchengarn lösen.

UND WENN ICH KEINE MAISKOLBEN MIT BLÄTTERN BEKOMME?

Dann einfach »normale« Kolben nehmen. Ebenfalls 30 Min. wässern, dick mit Butter bestreichen und in Alufolie wickeln, dann wie beschrieben grillen.

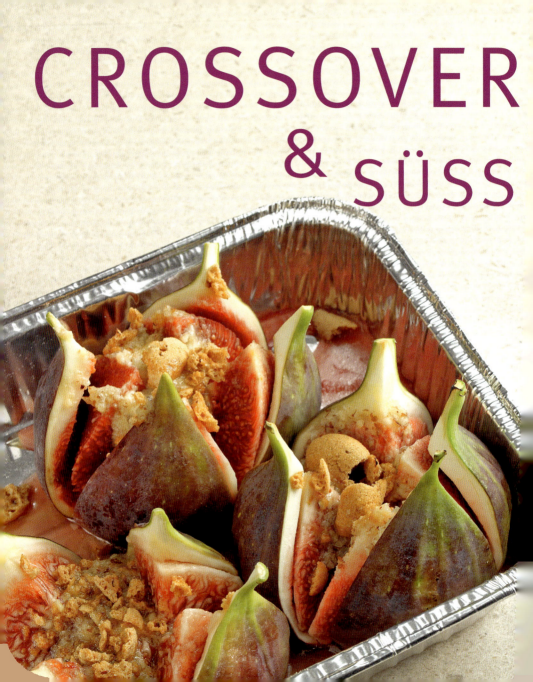

CROSSOVER
& SÜSS

CROSSOVER & SÜSS

süße Blüten

FEIGEN
MIT MANDEL-BUTTER-CREME

1 EL Puderzucker ++ 1 EL sehr weiche Butter ++ 1 EL gemahlene Mandeln ++ 4 Feigen ++ 4 Amarettini ++ Grillschale

Für 2 Personen | Zubereitung **10 Min.** | Grillzeit **10–12 Min.**
Pro Person ca. **270 kcal, 4 EW, 11 F, 35 KH**

1 Puderzucker in eine kleine Schüssel sieben. Die Butter dazugeben. Zucker und Butter mit einer Gabel verkneten, dann die Mandeln unterkneten, bis eine glatte Creme entsteht.

2 Inzwischen die Feigen von oben nach unten über Kreuz einschneiden, aber nicht ganz durchschneiden. Die Schale von jedem Viertel mit einem kleinen Messer zur Hälfte ablösen, aber nicht ganz abschneiden.

3 Die Feigen wie eine Blüte auseinander biegen. Je 1 TL Mandel-Butter-Creme einfüllen. Amarettini zerbröseln und darüberstreuen. Feigen leicht zusammendrücken, auf einer Grillschale bei mittlerer Hitze auf dem heißen Grillrost 10–12 Min. grillen, bis die Butter geschmolzen ist und die Feigen etwas erwärmt sind.

MINI-PAPRIKA
MIT COUSCOUS UND JOGHURT-SAUCE

kleine Verführer

Für die Paprikaschoten:
5 Babypaprika, am schönsten bunt gemischt (ersatzweise 2 1/2 kleine Paprikaschoten)
2 Cocktailtomaten | 40 g Instant-Couscous
120–160 ml Gemüsebrühe
1 Frühlingszwiebel
Olivenöl | Salz | Pfeffer

Für die Minze-Joghurt-Sauce:
100 g Naturjoghurt
1 Spritzer Zitronensaft
je 1 Prise Kreuzkümmel- und Paprikapulver (rosenscharf)
Salz | Pfeffer
1 Knoblauchzehe | 1 Zweig Minze

Für 2 Personen | Zubereitung **25 Min.** | Grillzeit **10–12 Min.**
Pro Person ca. **160 kcal, 6 EW, 6 F, 21 KH**

1 Paprika und Cocktailtomaten waschen und trocken tupfen. Von 4 Paprikaschoten einen Deckel abschneiden. Kerne und Trennwände entfernen.

2 Couscous nach Packungsangabe mit heißer Gemüsebrühe überbrühen und quellen lassen. Falls nötig, noch 1–2 EL kochendes Wasser unterrühren. Inzwischen übrige Paprika und Tomaten putzen und in sehr feine Würfel schneiden. Frühlingszwiebel putzen, waschen und fein schneiden. Couscous mit den Gemüsewürfeln und 1 EL Olivenöl vermischen und kräftig mit Salz und Pfeffer würzen. Mischung mit einem Teelöffel in die Paprikaschoten füllen. Die Deckel aufsetzen.

3 Für die Sauce Joghurt, Zitronensaft, Kreuzkümmel, Paprika, Salz und Pfeffer verrühren. Knoblauch schälen und dazupressen. Minze waschen und trocken schütteln. Blättchen abzupfen, in feine Streifen schneiden und unterrühren.

4 Gefüllte Paprika rundum mit Öl bepinseln. Bei mittlerer Hitze auf dem heißen Grillrost 8–10 Min. grillen; Deckel extra grillen. Schoten vom Grill nehmen. Sauce drüberlöffeln, die Deckel draufsetzen.

MEINE PAPRIKA WAREN SEHR KLEIN. NUN SIND NOCH COUSCOUS UND SAUCE ÜBRIG.

Gibt's noch Cocktailtomaten im Kühlschrank? Dann von diesen einen Deckel abschneiden, Tomaten aushöhlen, füllen und wie die Mini-Paprika grillen und servieren.

ZUCCHINIRÄDCHEN
MIT TOFU UND SHIITAKE

mit Chili-Kick

je 1 kleiner grüner und gelber Zucchino
100 g nicht zu breite Shiitake-Pilze
100 g Tofu
1 haselnussgroßes Stück Ingwer
3 EL Öl | 1 EL Sojasauce
4 Spieße | Grillschale

Für den Dip:
1 TL brauner Zucker
1 EL Limettensaft
2 EL Sojasauce | 2 EL Öl
1 Frühlingszwiebel | 1 rote Chilischote
Salz | Pfeffer

Für 4 Spieße | Zubereitung **20 Min.** | Marinierzeit **15 Min.** | Grillzeit **10–12 Min.**
Pro Person ca. **120 kcal, 3 EW, 10 F, 4 KH**

1 Für die Spieße Zucchini waschen, trocken tupfen, putzen und in knapp 1 cm breite Scheibchen schneiden. Pilze mit einem feuchten Tuch abreiben. Stiele kürzen. Tofu in knapp 1 cm hohe Stücke schneiden, etwa so breit wie die Zucchinirädchen bzw. die Pilzhüte.

2 Ingwer schälen, sehr fein hacken und in einer großen Schüssel mit dem Öl und der Sojasauce mischen. Zucchinirädchen, Pilze und Tofustücke in der Schüssel mit dem Würz-Öl vermischen und nach Belieben etwas marinieren.

3 Für den Dip den Zucker mit Limettensaft und Sojasauce verrühren. Dann das Öl unterschlagen. Frühlingszwiebel putzen, waschen und mit dem Grün sehr fein hacken. Chilischote waschen, putzen, entkernen und sehr fein hacken. Beides unter den Dip mischen. Dip abschmecken.

4 Holzspieße wässern. Zucchinirädchen, Pilze und Tofustücke abwechselnd eng aufspießen. Eventuell übriges Marinieröl unter den Dip rühren. Spieße bei mittlerer Hitze auf einer Grillschale auf dem heißen Grillrost insgesamt 10–12 Min. grillen, dabei mehrmals wenden. Spieße auf Teller legen, mit Dip beträufeln und servieren.

GEWÜRZPOLENTA
MIT MINZETOMATEN

Aromen aus dem Orient

350 ml Gemüsebrühe
25 g Sahne
1/2 TL Kardamompulver
1 Msp. Korianderpulver
1 Msp. frisch geriebene Muskatnuss

100 g Minuten-Polenta (Instant-Maisgrieß)
2 reife Strauchtomaten
2 Stängel frische Minze
Salz | Pfeffer
1 TL Olivenöl (+ Öl zum Bepinseln)

Für 2 Personen | Zubereitung **15 Min.** (+ Abkühlzeit) | Grillzeit **8–10 Min.**
Pro Person ca. **240 kcal, 6 EW, 7 F, 38 KH**

1 Backblech mit Backpapier belegen. Gemüsebrühe und Sahne in einem möglichst hohen Topf aufkochen. Flüssigkeit mit Kardamom, Koriander und Muskat würzen. Polenta nach und nach einrühren und unter Rühren 1 Min. »aufblubbern« lassen. Topf vom Herd ziehen und die Polenta noch mindestens 5 Min. quellen lassen.

2 Inzwischen die Tomaten mit kochendem Wasser überbrühen, etwas ziehen lassen, dann herausnehmen, häuten und ohne die Stielansätze fein würfeln. Minze waschen und trocken schütteln. Blättchen abzupfen, in feine Streifen schneiden und unter die Tomaten mischen. Tomaten mit Salz und Pfeffer würzen und mit Olivenöl verrühren.

3 Polentabrei gut fingerdick auf das Backblech streichen, dabei die Masse am besten zu einem ca. 15 x 15 cm großen Quadrat formen. Masse vollständig abkühlen lassen.

4 Gewürzpolenta in ca. 5 cm breite Quadrate schneiden. Mit Öl bestreichen und auf dem heißen Grillrost 8–10 Min. grillen, dabei einmal vorsichtig mit einer Palette oder einer Grillschaufel wenden. Die Schnittchen mit den Minzetomaten servieren.

Eis auf heiß

PFIRSICH
MIT HIMBEERSAUCE

100 g Himbeeren ++ 1 EL Puderzucker ++ 50 ml Orangensaft ++ 1 EL Orangenlikör nach Belieben ++ 2 sehr reife, weiße Pfirsiche ++ 1 TL Honig ++ 2 kleine Kugeln Schokoladeneis ++ Grillschale

Für 2 Personen | Zubereitung **10 Min.** | Grillzeit **11–12 Min.**
Pro Person ca. **155 kcal, 2 EW, 2 F, 30 KH**

1 Die Himbeeren waschen. Ein paar schöne Beeren trocken tupfen und für die Deko beiseitelegen. Restliche Himbeeren mit Puderzucker, Orangensaft und Orangenlikör kurz aufkochen und 2–3 Min. köcheln lassen, bis die Himbeeren zerfallen. Alles in einen hohen Becher geben und mit dem Pürierstab fein pürieren.

2 Die Pfirsiche waschen, trocken tupfen, halbieren und die Kerne entfernen. Pfirsichhälften an den Schnittstellen mit Honig bestreichen und auf einer Grillschale (Rundung oben) auf dem heißen Grillrost ca. 8 Min. grillen, dann umdrehen und weitere 3–4 Min. grillen. Gegrillte Pfirsiche mit Eis, Himbeersauce und ganzen Himbeeren servieren.

FRÜCHTEPÄCKCHEN
MIT KOKOS-MASCARPONE-SAUCE

grenzenlos gut

Für die Sauce:
50 g Mascarpone
1 Schuss Kokoslikör,
   nach Belieben
25 ml Kokosmilch
   (aus der Dose)
1 TL Rohrohrzucker

Für die Früchte-Päckchen:
ca. 600 g gemischtes Obst
   (z. B. kernlose Weintrauben, Erdbeeren, Banane,
   Birne, Aprikose)
1 EL Rohrohrzucker
Zimtpulver
Zitronenmelisse- oder Minzeblättchen zum Garnieren

Für 2 Personen | Zubereitung **15 Min.** | Grillzeit **ca. 15 Min.**
Pro Päckchen ca. **305 kcal, 3 EW, 13 F, 44 KH**

1 Für die Sauce alle Zutaten mit dem Handrührgerät glatt rühren, bis eine dickflüssige Sauce entsteht. Sauce bis zum Servieren kühl stellen.

2 Obst waschen, putzen, falls nötig schälen und/oder entkernen und in mundgerechte Stückchen schneiden. Alle Fruchtstückchen miteinander mischen.

3 2 große Stücke Alufolie auf eine Arbeitsplatte legen. Die Fruchtstückchen in die Mitte der Folienstücke häufeln. Früchte mit Zucker und Zimt bestreuen. Alufolie dann zu Päckchen dicht verschließen. Früchte im Päckchen bei mittlerer Hitze auf dem heißen Grillrost ca. 15 Min. garen. Päckchen auf tiefe Teller legen und öffnen. Früchte nach Belieben mit Melisse oder Minze garnieren und mit gut gekühlter Kokos-Mascarpone-Sauce essen.

IMPRESSUM

Unsere Garantie

Alle Informationen in diesem Ratgeber sind sorgfältig und gewissenhaft geprüft. Sollte dennoch einmal ein Fehler enthalten sein, schicken Sie uns das Buch mit dem entsprechenden Hinweis an unseren Leserservice zurück. Wir tauschen Ihnen den GU-Ratgeber gegen einen anderen zum gleichen oder ähnlichen Thema um.

Liebe Leserin und lieber Leser,

wir freuen uns, dass Sie sich für ein GU-Buch entschieden haben. Mit Ihrem Kauf setzen Sie auf die Qualität, Kompetenz und Aktualität unserer Ratgeber. Dafür sagen wir Danke! Wir wollen als führender Ratgeberverlag noch besser werden. Daher ist uns Ihre Meinung wichtig. Bitte senden Sie uns Ihre Anregungen, Ihre Kritik oder Ihr Lob zu unseren Büchern. Haben Sie Fragen oder benötigen Sie weiteren Rat zum Thema? Wir freuen uns auf Ihre Nachricht!

Wir sind für Sie da!
Montag–Donnerstag: 8.00–18.00 Uhr;
Freitag: 8.00–16.00 Uhr
Tel.: 0180-500 50 54* *(0,14 €/Min. aus
Fax: 0180-501 20 54* dem dt. Festnetz/
E-Mail: Mobilfunkpreise
                       können abweichen.)
leserservice@graefe-und-unzer.de

P.S.: Wollen Sie noch mehr Aktuelles von GU wissen, dann abonnieren Sie doch unseren kostenlosen GU-Online-Newsletter und/oder unsere kostenlosen Kundenmagazine.

GRÄFE UND UNZER VERLAG
Leserservice
Postfach 86 03 13
81630 München

Die Autorin

Susanne Bodensteiner ist Literaturwissenschaftlerin und arbeitet seit vielen Jahren als freie Food-Autorin. Ob für Familie oder Freunde: Sie liebt die vegetarische Küche und kocht leidenschaftlich gern mit frischen Zutaten vom Markt. Im Sommer legt sie Gemüse und Co. am liebsten auf den Grill. Und serviert es gut gewürzt und mit leckeren Saucen, sodass selbst Fleischfans gerne davon probieren.

Der Fotograf

Klaus-Maria Einwanger ist selbstständiger Fotograf in Rosenheim. Vor Ort und im Ausland arbeitet er für Zeitschriften, Buchverlage und Werbeagenturen. Kreativ setzt er dabei Food-Spezialitäten aus aller Welt perfekt ins Bild. Fürs Foodstyling in diesem Buch war **Sven Dittmann** zuständig.

Bildnachweis

Alle Bilder: Klaus-Maria Einwanger, Rosenheim

© 2009 GRÄFE UND UNZER VERLAG GmbH, München

Alle Rechte vorbehalten. Nachdruck, auch auszugsweise, sowie Verbreitung durch Film, Funk, Fernsehen und Internet, durch fotomechanische Wiedergabe, Tonträger und Datenverarbeitungssysteme jeglicher Art nur mit schriftlicher Genehmigung des Verlages.

Programmleitung: Doris Birk
Leitende Redakteurin:
Stephanie Wenzel
Redaktion: Stefanie Poziombka
Lektorat: Adelheid Schmidt-Thomé
Korrektorat: Susanne Elbert
Layout, Typographie und Umschlaggestaltung:
Lucie Schmid, independent Medien-Design, München
Illustrationen Seite 4, 48 und U3:
Harold Lazaro, Backyard10, München; außer U3
Nr. 5: Betti Trummer, Hamburg
Satz: Filmsatz Schröter, München
Herstellung: Gloria Pall
Reproduktion:
Wahl Media, München
Druck und Bindung:
Druckhaus Kaufmann, Lahr

ISBN 978-3-8338-1426-6

1. Auflage 2009

Ein Unternehmen der
GANSKE VERLAGSGRUPPE

GU Just Cooking

Die brandneuen »Klein, aber oho!«-Kochbücher

ISBN 978-3-8338-0904-0
48 Seiten

ISBN 978-3-8338-0906-4
48 Seiten

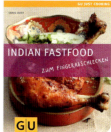

ISBN 978-3-8338-1059-6
48 Seiten

ISBN 978-3-8338-1428-0
48 Seiten

ISBN 978-3-8338-0670-4
48 Seiten

ISBN 978-3-8338-1427-3
48 Seiten

Änderungen und Irrtum vorbehalten

Das macht sie so besonders:
- **Einfach einsteigen** – mit ein, zwei Happen Küchenpraxis
- **Einfach loskochen** – mit gelingsicheren Rezepten

Willkommen im Leben.

Einfach göttlich kochen und himmlisch speisen?
Die passenden Rezepte, Küchentipps und -tricks
in Wort und Film finden Sie ganz einfach unter:
www.küchengötter.de

ÜBER DEN TELLERRAND

1 Der Grill hat ursprünglich nichts mit Steak oder Kotelett zu tun. Das Wort stammt vom lateinischen »craticula« ab und bedeutet »Flechtwerk, kleiner Rost«. **2 Barbecue** dagegen ist ganz eng mit Fleischeslust verbunden. Der Begriff wurde wohl von kanadischen Trappern geprägt. Sie brieten ganze Ochsen am Spieß, und zwar vom Bart bis zum Schwanz oder auf französisch »de la barbe à la queue«. Eine andere Erklärung führt Barbecue auf das mexikanisch-spanische Wort »barbacoa« zurück. Das wiederum leitet sich von dem Wort »buccan« ab. So nannten die Taino (Ureinwohner in Mittelamerika) ein Holzgerüst, mit dessen Hilfe Fleisch über offenem Feuer gegart wurde. Heute bezeichnet Barbecue offiziell eine Garmethode, bei der große Fleischstücke, z. B. ganze Schweineschultern, bei mäßiger Hitze allmählich in heißem Rauch (bei maximal 130°) gegart werden. Das kann bis zu 24 Stunden dauern.

3 Grilli heißen in Finnland Lokale, die ein einfaches Mittagessen bieten. Wäre vielleicht auch ein hübscher Name fürs vegetarische »Barbie«, wie die Australier kurz ein Grillvergnügen